FACULTÉ DE DROIT DE PARIS.

THÈSE
POUR LE DOCTORAT.

L'acte public sur les matières ci-après sera soutenu le 25 août, à 4 heures,

Par PAUL-ALEXANDRE-JOSEPH CAUX,

né à Gournay (Seine-Inférieure), le 15 décembre 1817.

PRÉSIDENT, M. DURANTON.

SUFFRAGANTS { MM. BLONDEAU, DEMANTE, PELLAT, } PROFESSEURS.

M. BONNIER, SUPPLÉANT.

Le candidat répondra en outre aux questions qui lui seront faites sur les autres matières de l'enseignement.

SAINT-CLOUD,

IMPRIMERIE DE BELIN-MANDAR.

1843.

JUS ROMANUM.

MANDATI VEL CONTRA.
(D. XVII, 1.)

DE EO QUOD CERTO LOCO.
(D. XIII, 4.)

I. MANDATI VEL CONTRA.

Quatuor obligationes solo consensu fiunt, inter quas, mandatum. Mandatum est contractus quo quis negotium gerendum committit alicui gratis illud suscipienti, animo invicem contrahendæ obligationis. Obligatio mandati, igitur, solo consensu, etiam tacito, contrahitur : variis modis, sive per nuntium, sive per epistolam, verbis, quibuscumque sint, rogo, volo, mando, vel cum die apposito, vel sub conditione scriptâ, suscipi potest.

I. *De his quæ ad substantiam mandati pertinent.* — Negotium mandati debet esse gerendum, non autem jam gestum, itaque si post creditam pecuniam, mandavero creditori credendam, nullum est mandatum (ff. loi 12. p. 14. Ulp.).

Negotium mandati sit honestum ; hinc qui ædem sacram spoliandam, hominem vulnerandum, occidendumve mandatum suscipiat, nihil judicio mandati consequi potest, propter turpitudinem mandati (ff. loi 22. p. 6 Pa.).

Tale debet esse mandatum ut possit in personâ mandatoris consi-

1

stere : undè, si quis Titio mandaverit ut ab actoribus suis mutuam pecuniam acciperet, mandati eum acturum dicemus; quia de mutuâ
pecuniâ eum habet obligatum : et ideo usuras eum petere non posse
quasi ex causâ mandati, si in stipulationem deductæ non sunt (ff. loi
16. p. 4. Ulp.). Tale etiam debet esse mandatum ut in personam mandatarii cadere possit : benignè tamen admittitur ut mandatum emendæ
rei quæ pro parte mandatarii est, in solidum valeat : cujus regulæ nobis
exemplum dabat Julianus quum scriberet : mandati obligationem
consistere etiam in rem ejus qui mandatum suscipit, ex eo maximè
probari quod si, pluribus heredibus vendentibus, uni mandavero ut
rem hereditariam emeret, etiam pro eâ parte quâ heres sit, obligatur
mandati actione et obligat, et sane, si ille propter hoc extraneo rem
non addixerit quod mandatum susceperat; ex bonâ fide esse præstari
ei pretium quanti vendere poterat, et contra si emptor ad emptionem
rei sibi necessariæ idcirco non accesserat quod heres recepisset se ei
empturum, æquissimùm esse, mandati judicio præstari quanti ejus
interfuit emptam rem habere (ff. loi 22. p. 4. P.).

Mandatum non solam mandatarii utilitatem spectare debet : quin-
que modis contrahitur : sive suâ tantùm gratiâ aliquis tibi mandet,
sive suâ et tuâ, sive alienâ tantùm, sive tuâ et alienâ. At si tuâ tantùm
gratiâ mandatum sit, supervacuum est; et ob id nulla obligatio, nec
mandati inter vos actio nascitur (Ins.).

Mandatum intervenit mandatoris tantùm gratiâ, veluti si mandet ut
negotia sua gerantur;

Alienâ tantùm gratiâ, veluti si tibi mandet ut fundum Titio emas;

Mandatoris et alterius gratiâ, veluti si tibi mandet ut sua et Titii
negotia geras; mandatoris et mandatarii, veluti si sibi mandem ut
sub usuris credas ei qui in rem meam mutuaretur.

Denique mandatarii et alterius gratiâ veluti si mandetur tibi ut Titio sub usuris credas. Mandatum autem, ut jam suprà diximus, non
intervenit gratiâ tantum mandatarii, veluti si mandem tibi ut pecu-
nias tuas in emptiones prædiorum colloces quàm fœneres; vel ex di-
verso, ut fœneres potiùs quàm in emptiones prædiorum colloces.

Cujus generis mandatum, magis consilium est quam mandatum, et ob id non est obligatorium; quia nemo ex consilio obligatur, etiamsi non expediat ei cui datur; quia liberum est cuique apud se explorare, an expediat sibi consilium.

Mandatum nisi gratuitum nullum est; nam originem ex officio atque amicitiâ trahit: contrarium ergo est officio merces: interveniente enim pecuniâ, res ad locationem et conductionem potiùs respicit (ff. loi 1. p. 4). Attamen si remunerandi gratiâ honor intervenerit, erit mandati actio.

II. *De actionibus quæ ex contractu mandati descendunt*. — Ex contractu mandati, duæ actiones descendunt; directa, quæ mandatori datur adversùs mandatarium, ut ejus quod gerendum suscipit, rationem reddat: contraria, quæ mandatario adversùs mandatorem datur, ut quod in negotium impedit recipiat. Potest tamen et ab unâ duntaxat parte mandati judicium dari. Nam is, qui mandatum suscepit, egressus fuerit mandatum, ipsi quidem mandati judicium non competit; at ei, qui mandaverit, adversùs eum, competit. Observandum etiam est mandati posse cum aliis actionibus concurrere.

I. *De actione mandati directâ*. — Actio mandati directa mandatori datur, et quidem quamvis negotii dominus non sit; adversùs mandatarium competit, et si plures fuerint, adversus singulos, in solidum. In id autem quod interest mandatoris negotium non esse gestum, datur actio, si mandatarius negotium susceptum non gesserit, sicut enim liberum est mandatum non suscipere, ita susceptum consummari oportet, nisi renuntiatum sit. Sed etsi mandatarius gerere juste impeditus fuerit, nihilominùs tenetur, si non nuntiaverit se non posse gerere, quum haberet copiam nuntiandi. Et eatenùs competit actio, quatenùs interest. Igitur si nihil interest, cessat mandati actio. Non solùm ex hâc causâ quod mandatarius prorsùs non accesserit, sed etiam ex illâ quod in eo gerendo quædam omiserit, agitur hac actione, in id quod mandatoris interest. Deniquè si mandatarius malè gesserit, in id quod mandatoris interest, agitur. Tanti autem videtur interesse mandatoris, quum dominus negotii non est, quanti domini negotii

interest, quum ipse domino in tantum teneatur. Agitur ut mandatarius quidquid ex negotio gesto habet, restituat. Non solùm res cor-
porales quas procurator ex gestu retinet, restituere debet, sed etiam
si quas actiones quæsivit, eas hâc actione mandatori cedere tenetur.
Restituendum etiam est quod mandatarius ex suâ pecuniâ compara-
verit; dein si ante litem contestatam procurator aliquid ex gestu quæ-
sierit, sed etsi postea quædam quæsivit, ea restituere condemnatur.
A procuratore autem dolum et omnem culpam non etiam improvi-
sum casum præstandum esse juris auctoritate manifeste declaratum.
(loi 13. Cod.) Deniquè in hoc judicium veniunt fructus et usuræ. Ge-
neraliter hæc actio famosa est; non tamen semper hâc actione con-
demnatus infamiâ notatur, sed demùm quum ex solo dolo nomine
notatur.

II. *De actione mandati contrariâ.* Eatenùs huic actioni locus est,
quatenùs mandatarius fines mandati non excessit. Diligenter igitur
fines mandati custodiendi sunt. Nam qui excessit, aliud quid facere
videtur; sic locus est actioni quum mandatarius fecit simpliciter quod
sibi mandatum est, quum plus aut minus fecit quàm quod mandatum
est, quum fecit quod mandatum est, sed deteriori conditione; de quâ
re tamen lis inter jurisconsultos fuit. Deniquè palàm est locum esse
actioni contrariæ mandati quum mandatarius fecit meliori conditione
quod mandatum est.

Contrario judicio experiuntur, qui mandatum susceperunt: ut puta
qui rerum vel unius rei procurationem susceperunt : ergo actio
mandati contraria adversùs mandatorem competit, sed quum aliud
quàm negotii dominus mandavit, adversùs hunc mandatorem, non
adversùs dominum negotii, hæc actio datur.

Hâc actione debet refundi procuratori quod ipsi inculpabiliter
abest ex causâ mandati. Abesse autem videtur procuratori ea pecunia
quam ex causâ mandati mutuam dedit, quamvis hujus conditionem ex
mutuo habeat. Videtur etiam abesse mandatario, non solùm quod
ipse impendit, sed et quod alter pro eo et ejus nomine impendit.

Quum mandatum est emi rem quæ pro parte esset mandatoris,

etiam ea pars mandatarii ipsi ex causâ mandati abésse videtur; post-
quàm benignè receptum est ut in hâc parte mandatum consisteret. Ità
demùm autem quod ex causâ mandati sibi abest mandatarius conse-
quitur, si non ipsius culpa absit: quod mandatarius in causàm mandati impendit æstimatur ad id potiùs tempus quo solutum sit, non
quo agatur. — Illud acterum in actione mandati contraria venit ut
præstetur indemnitas mandatorio ab obligationibus quas in causam
mandati contraxit. Non tamen semper statum hæc indemnitas ei præ-
standa est.

In contrariâ actione mandati, veniunt usuræ pecuniæ quam mandatarius impendit, et 1° quidem veniunt ex morâ; 2° imo quandoque
veniunt extra moram. Salarium, si quod ipsi constitutum est, procurator non actione mandati, sed extraordinariâ persecutione conse-
quitur.

III. *De fine mandati.* — Solvitur mandatum:

1° Morte mandatarii.

2° Morte mandatoris.

3° Revocatione mandati.

4° Renuntiatione mandatarii.

II. DE EO QUOD CERTO LOCO.

I. Is qui certo loco dare promittit, nullo alio loco quàm in quo promisit, solvere invito stipulatore potest. Quid si quis in duobus locis solvere
promisit, interest an copulative an alternative hæc loca adjecta sint.
Si copulativè: ut si quis ita stipulatur, Ephesi et Capuæ; hoc ait, ut
Ephesi partem, et Capuæ partem petat. Quod si alternativè loca adjecta sint, reus quidem ante petitionem, habet utro loco solvat; eo
autem non solvente, actor utro ex illis locis malit, petere potest.

II. Condictio ejus quod certo loco dari oportet, rectè definiri potest actio arbitraria quâ creditor rei, alio loco quàm ubi debitor degit, solvendæ, eam ubi reus degit, petit; habitâ ratione quanti suâ vel debitoris intersit eam non præstari quo loco præstari debuerat. Hæc autem actio ex illa stipulatione venit ubi stipulatus sum à te, Ephesi decem dari. Hæc actio moveri debet adjecta loci ubi solvi convenit mentione: alioquin plus loco peteret actor. Et, si alterutro duorum locorum solvi convenit, utriusque debet fieri mentio.

CODE CIVIL.

DU MANDAT.

(Art. 1984 à 2010.)

CHAPITRE PREMIER.

DE LA NATURE ET DE LA FORME DU MANDAT.

Définition du mandat. — Le mandat est un contrat par lequel une personne charge quelqu'un de faire pour elle, et généralement en son nom, quelque chose de licite, soit gratuitement, soit moyennant salaire:

Le mandat peut être volontaire ou conventionnel, judiciaire, légal.

1° *Différence du mandat en droit romain et en droit français.* — Le mandat diffère de tout en tout dans les législations romaine et française : chez les Romains, c'était le mandataire, et non pas le mandant, qui était obligé par l'acte du mandataire ; c'était le résultat de l'application sévère de leur principe, que les conventions ne peuvent avoir d'effet qu'entre les parties contractantes ; chez nous, au contraire, ce n'est pas le mandataire, mais le mandant, qui est obligé ; c'est la conséquence de la règle posée à l'art. 1119, qui dit qu'en général on ne peut s'obliger que pour soi-même ; c'est par exception que dans le mandat, la gestion d'affaires, la commission, on peut s'engager pour autrui ; celui qui agit alors n'est qu'un *instrument.*

2° *Différence entre le mandat et la procuration.* — Le Code définit le mandat ; mais sa définition, prise à la lettre, pourrait induire en erreur ; il semble mettre sur la même ligne la procuration et le mandat, quoique ce soient deux choses bien distinctes. Tout mandat présuppose une procuration, mais toute procuration, même acceptée, n'implique pas un mandat. Dans la procuration il y a une capacité offerte, une aptitude donnée à une personne, par laquelle elle exécutera une mission, si bon lui semble : il y a pour elle possibilité, mais non pas obligation d'agir ; le *vinculum juris* n'apparaît, pour le fondé de pouvoir, que par la gestion elle-même. Dans le mandat au contraire, il y a la manifestation de deux volontés, d'abord celle du mandant qui fait la pollicitation du mandat, ensuite celle du mandataire qui accepte et qui s'oblige à exécuter. — Quant à la question de savoir s'il y a eu procuration ou mandat, ce sera une question de fait laissée à la sage appréciation des tribunaux ; il faudra étudier l'intention des parties, interroger les circonstances, examiner la nature de l'opération, et voir si l'on a voulu lier celui qui devait exécuter.

3° *Ressemblances et différences entre le mandat et le dépôt.* — Le mandat diffère aussi du dépôt, quoique ces deux contrats aient de nombreux caractères communs. Tous deux sont contrats de bienfaisance ; de la part du déposant, comme du mandant, il y a acte de confiance ; le dépositaire et le mandataire rendent service. — Nous signalerons ces différences : le dépôt est un contrat réel, le mandat est un contrat consensuel ; la garde d'un meuble est un dépôt, la garde d'un immeuble est un mandat ; le dépositaire garde, le mandataire agit.

4° *Ressemblance et différence entre le mandat et la gestion d'affaires.* — Le mandataire et le gérant d'affaires sont tenus de même, avec cette différence cependant que le maître n'est obligé par le gérant que si *res utiliter gesta est*, tandis que le mandataire oblige le mandant dans tous les cas. — Du reste le gérant est tenu, comme le mandataire, de continuer l'affaire tant que le maître ne peut s'en occuper.

5° *Ressemblance et différence entre le mandat et la commission.* — Il y a dans le droit commercial deux espèces de commissionnaires : 1° les commissionnaires qui agissent au nom des autres sans s'obliger eux-mêmes ; ils sont de vrais mandataires ; 2° les commissionnaires qui, tout en agissant au nom des autres, ne les font pas connaître et contractent en leur propre nom ; ceux-là sont des mandataires qui ressemblent à ceux du droit romain.

6° *Rapport entre le mandat et l'endossement irrégulier.* — L'endossement irrégulier n'est qu'une procuration ; il crée un mandat qui fait un mandataire de celui qui est porteur d'une lettre de change, en vertu d'un endossement irrégulier.

7° *Rapport entre le mandat salarié et le louage d'ouvrage.* — Nous ne ferons qu'indiquer ici cette délicate question de savoir s'il faut confondre le louage d'ouvrage avec le mandat salarié. (art. 1794).

De la preuve du mandat (1985). — Le mandat étant un contrat consensuel, il est facile d'apercevoir que l'art. 1985 a pour but d'indiquer, non pas comment se forme, mais comment se prouve ce contrat : il traite de la preuve du mandat entre le mandant et le mandataire ; et alors on peut la faire par acte public, sous seing privé, lettre, délation du serment, preuve testimoniale, dans les bornes où elle est admise par la loi 1341. Entre le mandataire et les tiers, c'est la preuve de la procuration qu'il faut administrer. Ces tiers ont un intérêt pressant à bien savoir si celui qui se dit fondé de pouvoir a reçu véritablement la capacité nécessaire. Aussi ils peuvent exiger une procuration authentique, et même, dans certains cas, celle qui n'aurait pas ce caractère ne serait pas admise. — Si c'est une question débattue de savoir si le mandat, chez nous, peut être donné expressément et tacitement, il est bien certain que l'acceptation de ce mandat peut être expresse ou tacite ; c'est ce qui résulte de l'art. 1985, *in fine*. — L'acceptation expresse a lieu par la déclaration de la personne qui fait connaître qu'elle accepte le mandat. L'acceptation tacite sera la conséquence tirée de l'exécution, exécution même partielle, à moins que le mandataire ne déclare ne pas vouloir exécuter entièrement.

De l'objet du mandat. — L'objet du mandat doit être, 1° licite, 2° déterminé, ou au moins déterminable ; comme pour tous les contrats, il faut au mandat, un objet certain, 3° que le mandataire ait la capacité d'exécuter le mandat. Le Code semble dire que le mandat ne peut être donné que dans l'intérêt du mandant, mais il peut très-bien arriver qu'il soit aussi dans l'intérêt d'autres personnes : *Institutes*. Chez les Romains, le mandat était essentiellement gratuit : du moment qu'il y avait un prix payé pour le service rendu, c'était un louage d'ouvrage : plus tard cependant ils dérogèrent à ce principe, ils permirent que le mandataire reçût un *honorarium*, mais ils ne lui donnaient pas l'action de mandat, ils donnaient une action extraordinaire, *persecutio extraordinaria*. Notre Code a encore ici altéré les principes romains. Le mandat, dans notre loi, est de sa nature gratuit ; mais il ne l'est pas essentiellement (1986). Peut-être faut-il dire que le mandat salarié dégénère de suite en louage d'ouvrages et de services.

Etendue du mandat. — 1° Le mandat peut être donné, comme tout contrat, purement et simplement, ou sous conditions, 2° *ex die* ou *ad diem*; 3° spécial ou général (1987); il est spécial quand il est donné pour faire telle affaire ou même tel genre d'affaire : il est général, quand il est donné pour faire toutes les affaires d'une personne. La loi nous donne ici un article d'interprétation : elle fixe la limite, la portée d'un mandat conçu en termes généraux : il n'embrasse que les actes d'administration (1988). Pour pouvoir aliéner, hypothéquer, ou faire tout autre acte de propriété, il faut un mandat exprès. Les jurisconsultes ont discuté longtemps sur la doctrine des Romains à ce sujet : les uns prétendaient que le mandat général d'administrer renfermait le pouvoir d'aliéner; les autres contestaient et donnaient la solution que le Code, avec le savant Vinnius, a admise. Comme actes d'administration, le mandataire général pourra passer et renouveler des baux dans les limites des art. 1429 et 1430, faire des actes conservatoires, recevoir des payements, poursuivre des débiteurs qui ne se libèrent pas à l'échéance, interrompre les prescriptions, intenter les actions possessoires, payer les créanciers.

Le mandataire ne peut rien faire au delà des limites de son mandat, qui puisse être obligatoire pour le mandant (1989); ainsi le pouvoir de transiger ne renferme pas celui de compromettre : car, dans la transaction, c'est le mandataire lui-même qui agit et fait les sacrifices nécessaires qu'entraîne la transaction; tandis que, dans le compromis, il fait nommer un arbitre pour terminer les contestations. Il ne faut jamais, en matière de mandat, conclure d'un pouvoir à un autre : si on a donné pouvoir de compromettre, le pouvoir de transiger n'en est pas la conséquence. Cependant on aura un pouvoir non exprimé, quand il est la conséquence d'un pouvoir exprimé, sans sortir du même ordre d'idées.

Le mandant peut choisir qui il veut pour exécuter le mandat (1990). L'incapacité dans les rapports du mandataire incapable avec le mandant est régie d'après les règles ordinaires : si les mandataires incapables dissipent un payement, pas d'action contre eux, s'ils n'en sont pas plus riches. A l'égard des tiers, les mandataires ne sont qu'un instrument, c'est le mandant qui agit; la validité de l'acte ne s'estime pas par la capacité du mandataire, mais par la capacité du mandant. Un mandant incapable ne peut donner un mandat valable à un mandataire capable, mais un mandant capable peut valablement constituer un incapable pour mandataire.

CHAPITRE II.

DES OBLIGATIONS DU MANDATAIRE.

Les obligations du mandataire se résument en trois points ; il doit : 1° accomplir le mandat ; 2° y apporter les soins convenables ; 3° rendre compte.

1° *Le mandataire est tenu d'accomplir le mandat* (1991). — Tant qu'il en demeure chargé, il répond des dommages-intérêts qui pourraient résulter de sa non-exécution, soit totale, soit partielle ; mais, pour qu'il soit responsable, il ne suffit pas qu'il n'y ait pas eu exécution, il faut qu'il y ait eu préjudice causé. Le mandataire doit exécuter, même au cas de mort du mandant, quand il y a urgence à le faire : de plus il doit prévenir les héritiers.

2° *Le mandataire doit apporter les soins convenables à l'exécution du mandat* (1992). — Nous avons déjà vu les analogies qui rapprochent le dépôt et le mandat : nous avons signalé leurs caractères communs, gratuité, bienfaisance, confiance ; puis leur caractère différentiel ; le dépôt n'exige que des soins négatifs, la garde fidèle de la chose, tandis que dans le mandat les soins doivent être plus actifs ; il faut exécuter, gérer, apporter des soins à la mission donnée : mais quelle sera la mesure de ces soins ? car il ne suffit pas que le mandataire ne commette pas le dol, il faut aussi qu'il évite la faute qui lui est imputable dans certaines proportions. La loi romaine estime les soins que doit le mandataire, d'après ceux que doit à sa chose un bon père de famille. Nous n'appliquerons pas cette règle dans toute sa rigueur au cas où le mandataire ne reçoit pas de rétribution : du reste, il est bien difficile de tarifer les fautes d'une manière exacte ; notre Code a eu la sage pensée de laisser cette question à l'appréciation des juges, qui auront égard aux circonstances : naturellement, plus la chose aura été périlleuse, plus on aura droit d'exiger des soins vigilants de la part du mandataire. Evidemment le Code a rejeté la doctrine romaine qui rendait le mandataire responsable de toute espèce de faute, même très-légère, quoique le contrat ne fût pas dans son intérêt, parce que, se chargeant d'une affaire, il devait, disait-on, consulter ses forces et voir s'il pouvait bien exécuter. Notre Code a mis sur la même ligne le mandat et le dépôt (1928, 1992).

3° *Le mandataire doit rendre compte* (1993). — L'obligation de rendre compte est l'objet de l'action *mandati directa,* action intentée par le mandant ; le mandataire doit lui rendre compte de tout ce qu'il a reçu en vertu du mandat, quand même ce ne serait pas dû au mandant, car s'il y avait une répétition à exercer, on la dirigerait contre le mandant et non pas contre le mandataire ; il doit rendre compte non-seulement de ce qu'il a touché, mais aussi de tout ce qu'il aurait dû toucher.

Le mandataire répond de celui qu'il s'est substitué (1994) : 1° quand il n'a pas reçu pouvoir de se substituer quelqu'un et qu'il l'a fait ; 2° quand, ayant été autorisé à faire cette substitution, il a choisi une personne notoirement incapable ou insolvable. Dans tous les cas, le mandant peut agir directement contre le substitué du mandataire. Nous pensons du reste que les tribunaux appelés à juger de l'incapacité et de l'insolvabilité notoires du substitué pourront ne pas se montrer à ce sujet aussi larges que la loi nous semble avoir été en cette circonstance. L'art. 1202 a posé le principe que la solidarité ne se présume pas ; pourquoi donc la répétition de cette règle en 1995 ? c'est qu'il y a une dérogation aux principes romains, d'après lesquels la solidarité existait entre les mandataires ; on imputait à faute à un mandataire de n'avoir pas assez surveillé son comandataire. Notre Code a expressément rejeté cette règle par l'art. 1995 ; deux motifs l'ont fait agir : d'abord les mandataires rendent service ; ensuite le mandant est en faute d'avoir mal choisi ses hommes de confiance. Ainsi pas de solidarité entre les comandataires quand ils sont constitués par le même acte ; si on a divisé les fonctions, ils doivent se borner au pouvoir qui leur a été confié ; si on ne les a pas limitées, ils sont tous tenus d'agir pour le tout, et sont responsables, non pas solidairement, mais *in solidum,* de leur fait personnel.

Le mandataire ne doit pas employer à son usage les sommes qu'il a touchées (1996) ; s'il l'a fait, il doit l'intérêt à dater de cet emploi. C'est au mandant à prouver l'emploi ainsi que la date. Le mandataire qui a agi ainsi doit non-seulement l'intérêt, mais aussi le préjudice causé, parce qu'il était obligé à faire quelque chose; pour les sommes dont il est reliquataire, il ne doit les intérêts que du jour de la mise en demeure. Voilà donc encore, en 1996, comme en 474, 1652, 1846, Code civil, une dérogation à l'art. 1153 du même Code, qui exige en principe une demande en justice pour faire courir les intérêts.

Un mandataire a dépassé les limites de ses pouvoirs; mais il les a fait suffisamment connaître : dans ces circonstances, il n'est tenu à aucune garantie, pour ce qui a été fait au delà, à moins qu'il ne s'y soit personnellement soumis (1997). Ni le mandant ni le mandataire ne sont obligés; le tiers est en faute, puisqu'il a connu les limites du mandat. L'art. 1997 suppose que le mandataire a suffisamment fait connaître ses pouvoirs; s'il les a déguisés, son acte n'est pas valable, mais il peut être tenu à des dommages-intérêts. Reste la question de savoir s'il faut généraliser la doctrine de 1997 et l'appliquer à tous mandataires.

CHAPITRE III.

DES OBLIGATIONS DU MANDANT.

Les obligations du mandant peuvent être considérées sous deux points de vue : 1° dans ses rapports avec le mandataire ; 2° dans ses rapports avec les tiers. Vis-à-vis les tiers, le mandant est tenu dans les limites des pouvoirs qu'il a donnés au mandataire (1998). Pour ce qui a été fait au delà des pouvoirs, il n'a été tenu qu'autant qu'il ratifie; sans cela l'opération pour le mandant est nulle; il n'a pas même besoin de la faire annuler. Du reste, peu importe que le mandataire ait contracté en son nom ou au nom du mandant, celui-ci est tenu en vertu du mandat du moment que le mandataire a agi dans les limites de ses pouvoirs.

Le mandat est un contrat qui ne donne que *ex post-facto* lieu à une action de la part du mandataire contre le mandant : elle a pour but de se faire indemniser des frais et dépenses occasionnés par l'exécution du mandat et pour le payement du salaire, s'il en a été stipulé un (1999). Quand même la dépense eût pu être moindre, le mandant doit tout rembourser ; c'est une appréciation laissée au juge. On ne discutera pas trop les dépenses du mandataire , mais on n'admettra pas non plus celles qui seraient excessives. On lui doit le remboursement de ces dépenses , quand même l'affaire n'a pas été utile, et c'est en cela que la position du gérant d'affaires diffère essentiellement de celle du mandataire : le gérant doit faire quelque chose d'utile, le mandataire fait ce qu'on lui dit de faire.

Le mandant doit indemnité au mandataire pour les dépenses et frais qui ont été non-seulement la suite directe et immédiate du mandat, mais aussi pour ceux qui ont eu lieu à l'occasion de ce mandat. Notre législateur, en posant ces principes contraires à la décision de certains jurisconsultes romains, est toujours dominé par cette pensée que le mandataire, rendant service, ne doit pas éprouver de préjudice par suite du mandat.

L'art. 2001 nous offre encore l'exemple d'une dérogation à l'art. 1153. L'intérêt des avances faites par le mandataire lui est dû par le mandant, à dater du jour des avances constatées; il n'est donc besoin ni de demande en justice, ni de mise en demeure ; il suffit de faire constater le jour des avances par des quittances, par exemple. Le motif de cette nouvelle faveur est toujours le même , le mandataire rend service ; du reste, c'est à lui à prouver les déboursés.

Lorsque le même mandataire a été choisi pour une affaire commune par plusieurs mandants (2002), il a action, solidairement, contre tous, pour tous les effets du mandat. Il y a là un cas de solidarité légale, véritable solidarité. L'art. 2002, en posant ce principe de la solidarité des mandants d'un même mandataire, est une exception à l'art. 1202, alinéa 1er; qui dit que la solidarité ne se présume pas. Il est une des exceptions auxquelles fait allusion l'alinéa 2 de cet art. 1202, qui nous dit que dans certains cas spéciaux il y a de plein droit solidarité légale, c'est-à-dire en vertu de la loi. Remarquons avec soin que c'est dans une opération commune et non pas dans une opération faite conjointement que la loi admet ce grave et important effet de la solidarité légale, par le seul effet de sa volonté.

CHAPITRE IV.

DES DIFFÉRENTES MANIÈRES DONT FINIT LE MANDAT.

1° *Le mandat se termine par la révocation* (2003-2006). Le mandat étant un contrat fait dans l'intérêt unique du mandant, étant de la part de celui-ci un acte de confiance, on comprend parfaitement la cessation du mandat par la révocation; soit que le mandant n'ait plus confiance; soit qu'il ne veuille plus pour une cause quelconque l'exécution du mandat. Le mandant peut révoquer le mandat quand bon lui semble : la conséquence toute naturelle paraît être qu'il pourra aussi à son gré se faire remettre l'acte de procuration qu'il a donné ; mais il n'y arrivera pas toujours avec la même facilité, si le mandataire, peu honnête homme, prétend avoir perdu cet écrit. Ce serait grave pour lui ; car, en vertu de cette procuration, il peut encore être valablement obligé vis-à-vis les tiers. Sans doute il aurait recours contre le mandataire ; mais ce sera là une bien stérile garantie, s'il est insolvable ou s'il se cache : ce qu'il a de mieux à faire est de rendre aussi publique que possible la révocation du mandat. La constitution d'un nouveau mandataire pour la même affaire, notifiée soit par le mandant, soit par le nouveau mandataire, vaut révocation du premier, à compter du jour où elle a été notifiée à celui-ci (2006).

2° *Le mandat se termine par la renonciation du mandataire* (2003 et 2007). C'était par l'effet de la volonté unique du mandant que, dans le cas précédent, le mandat se terminait ; ici c'est par la volonté unique du mandataire : il semble, à la vérité, qu'ayant accepté le mandat il devrait être tenu à l'exécuter ; mais il serait peu avantageux pour le mandant que le mandataire fût forcé bon gré mal gré, à contre-cœur, d'exécuter le mandat ; évidemment il accomplirait mal sa tâche ; les affaires du mandant en souffriraient. On permet donc au mandataire de renoncer quand il sera encore temps pour le mandant d'exécuter par lui-même ou de faire exécuter par un autre. Le mandataire peut aussi renoncer, lors même que la renonciation sera nuisible au mandant, si l'exécution doit préjudicier à lui-même.

3° *Le mandat finit par la mort naturelle ou la mort civile du mandant ou du mandataire.* **Les** rapports établis par le mandant n'existant plus entre les mêmes personnes, la confiance peut cesser.

4° *Par l'interdiction du mandant ou du mandataire ;*

5° *Par la faillite ou la déconfiture de l'un ou de l'autre ;*

6° *Par l'absence déclarée ;*

7° *Par la cessation des fonctions qui ont conféré le mandat.*

Quand le mandant est mort, que le mandataire n'en sait rien, qu'il continue sa gestion, ce qu'il fait est valable (2008), valable vis-à-vis de tous, parce que tous sont de bonne foi. Si le mandataire était de mauvaise foi, mais que les tiers fussent de bonne foi, ses opérations sont maintenues (2009). Enfin l'art. 2010 nous apprend que le mandat ne passe pas aux héritiers du mandataire, mais que ceux-ci sont doublement obligés, au cas de mort de leur auteur, et à faire les actes d'urgence, et à faire connaître au mandant l'événement arrivé.

QUESTIONS.

Le mandat tacite existe-t-il en droit français? — Oui (1372).

Faut-il dire que le mandat salarié dégénère de suite en louage d'ouvrage? — Oui (1794).

La recommandation est-elle un mandat? — Non.

Tout mandataire doit-il rendre compte? — Non.

Le mandataire peut-il avoir un droit de rétention? — Oui (1948).

Le mandat peut-il durer après la mort du mandant? — Oui.

DE LA LETTRE DE CHANGE.

(Art. 110 à 189 du Code de Commerce.)

L'origine de la lettre de change a été le sujet de longues discussions, de savants traités ; les uns ont attribué sa création aux Juifs chassés de France sous les Valois, les autres aux Gibelins exilés de Florence ; peut-être serait-il plus exact de dire que c'est à la longue, avec l'usage et le temps, qu'elle s'est établie, transformée, perfectionnée à l'époque des grandes foires du moyen âge. La question, du reste, a peu d'importance ; qu'il nous suffise seulement de remarquer que le contrat de change est une vieille institution ; il a, dit Justinien, précédé la vente : la lettre de change, au contraire, est une institution qui se rattache aux temps modernes.

Avant d'aborder la lettre de change, nous devons nécessairement dire quelques mots du contrat qui la fait naître, qui est sa cause, qu'elle comprend implicitement, du contrat de change.

Le contrat de change est une convention par laquelle l'un des contractants prend l'engagement de faire payer une certaine somme dans un lieu déterminé pour une valeur qui lui est promise ou donnée dans un autre lieu. — La lettre de change est l'un des modes de l'exécution de ce contrat, comme le billet à ordre, ou écrits en vertu desquels le porteur a droit d'exiger par lui-même la somme désignée, ou de céder son droit à un autre par l'endossement.

Différence entre le contrat et la lettre de change. — Entre le contrat de change et la lettre de change, il y a des différences essentielles. — 1° Le contrat de change préexiste nécessairement à la lettre de change, il peut avoir lieu sans elle. — Au contraire, la lettre de change ne peut pas exister sans lui ; elle suppose nécessairement la formation préalable du contrat de change. — 2° Le contrat de change est consensuel, et la lettre de change ne peut exister si elle n'est solennisée par un écrit. — 3° Le con-

3

trat de change est de bonne foi, les tribunaux peuvent tempérer sa rigueur ; la lettre de change au contraire est de droit strict, les tribunaux ne
peuvent atténuer ses conséquences quelque graves qu'elles soient.

Ainsi, dans le contrat de change, rien n'est rigoureux : dans la lettre,
tout est solennel, rigoureux, sévère jusque dans les moindres formalités.

Du contrat de change. — Le contrat de change, comme nous l'avons
dit, est une convention, c'est-à-dire qu'il est parfait par le seul consentement des parties ; c'est une convention par laquelle une personne s'engage à procurer à une autre personne une somme d'argent : trois éléments
essentiels constituent ce contrat ; 1° que son objet soit une somme d'argent,
qu'il ait pour but de faire avoir à une personne une somme d'argent, et
rien autre chose. — 2° Qu'il y ait deux lieux différents, que la somme soit
promise sur une place et payée sur une autre. — 3° Qu'un équivalent soit
fourni, — peu importe quel il sera.

Si nous étudions la *nature* du contrat de change, nous lui reconnaissons
ces caractères : il est consensuel, synallagmatique, à titre onéreux, de
bonne foi, du droit des gens. Il implique plusieurs contrats différents tels
que la vente, l'échange, le prêt, le mandat, le cautionnement, quelquefois
la commission.

La convention de change a pour effets : — 1° *Pour celui qui s'oblige à
fournir la somme,* de le forcer à exécuter son obligation, soit par lui-même ;
si la convention le lui permet, en faisant un billet à domicile, soit, et cela
est le droit commun, en créant une lettre de change. — Dans ce cas, —
1° il doit fournir une ou plusieurs lettres de change pour former le quantum indiqué, soit qu'il les crée lui-même, soit qu'elles existent déjà ; —
2° procurer un certain nombre d'exemplaires de ces lettres ; — 3° envoyer au tiré les lettres d'avis, et en procurer le double au porteur, si tel est
l'usage.

2° Pour celui qui s'oblige *à prendre la lettre,* à recevoir la somme, la
convention a pour effet de l'astreindre à payer au temps et de la manière
convenus, fixés par le contrat, la valeur de la lettre.

Maintenant quand il s'agira : 1° soit de modifier, lors de sa création,
par des clauses particulières, les effets naturellement produits par le contrat de change ; 2° soit de modifier le contrat après sa création ; 3° soit
même de détruire, d'anéantir le contrat ; à moins de circonstances graves
qui légitiment la résolution, malgré la volonté de l'une des parties, il

faudra dans ces trois cas le consentement, l'accord commun des deux parties ; — puis, si sans la volonté commune des deux parties l'une d'elles refuse d'exécuter : 1° au cas où ce sera le tireur qui refuse, il sera condamné aux dommages-intérêts par application de 1142; — 2° au cas où ce sera le preneur, le tireur pourra la lui offrir comme on offre un corps certain par application de 1264.

Dictionnaire. — La science commerciale, comme toutes les sciences humaines, a sa langue à part, sa langue scientifique ; elle a son vocabulaire d'expressions techniques, dont nous devons tout d'abord étudier le sens exact : avant de commenter le droit, commentons les mots, et expliquons tous ces termes dont nous nous servirons si souvent en traitant de notre matière, de la lettre de change. — Dans la lettre de change. — 1° Le *tireur :* c'est celui qui crée la lettre de change, qui s'engage à procurer la somme indiquée, au lieu convenu. — 2° Le *preneur :* c'est celui au profit duquel la lettre est créée, celui qui percevra l'argent, ou pour lequel on percevra cet argent. — 3° Celui qui payera s'appelle : — 1° Le *tiré :* tant qu'il n'est que personne désignée pour faire le payement, et que par un acte de sa volonté il n'a pas fait savoir s'il voulait accepter l'engagement offert ; car tant qu'il n'est que tiré, il n'est pas obligé. — 2° *L'accepteur :* quand le tiré a manifesté son adhésion, qu'il a déclaré consentir à payer, alors son nom et son rôle changent : il était *tiré,* il devient *accepteur;* il était *libre,* il devient *obligé.* — 4° *L'endosseur* est celui qui, pouvant recevoir le payement par lui-même, appose sa signature au dos du titre de l'effet, avec ordre de payer à telle personne qu'il désigne. Le premier endosseur est donc le preneur qui ne veut pas recevoir de ses propres mains le montant de l'effet. — 5° *La provision :* c'est le montant des valeurs que le tireur remet à l'accepteur pour que ce dernier puisse faire face au payement. — 6° et 7° Le *tireur pour compte :* il tire une lettre de change, non pas pour lui, mais pour un autre que l'on appelle *donneur d'ordre.* — 8° et 9° *L'accepteur par intervention* est celui qui accepte sur le refus du tiré, comme aussi le *payeur par intervention* est celui qui paye lorsque le tiré refuse le payement. — 10° Les *recommandataires* sont des personnes indiquées dans la lettre, personnes auxquelles le porteur pourra s'adresser au besoin en cas de refus du tiré. — 11° Quand la lettre de change est payable chez une autre personne que le tiré, cette personne chez laquelle le payement sera fait s'appelle *domiciliataire.* — 12° enfin, on appelle *donneur d'aval,* la personne qui cautionne ; qui garantit les divers signataires de la lettre de change.

Définition de la lettre de change. — La lettre de change est le mode d'exécution du contrat de change, le plus parfait, le plus utile, le plus fréquent. — On peut la définir : « un acte rédigé dans les formes légales (110 Cod. comm.), par lequel une personne mande à une autre de payer une somme déterminée à celui qui est désigné dans cet acte, ou à celui qui exercera ses droits. » — Entre deux places, le commerce de banque se fait principalement par la lettre de change. — Quant à sa forme, elle est régie par la loi du lieu où elle est tirée ; quant à l'exécution et aux poursuites, elle est régie par la loi du lieu ou elle est payable.

Avantages spéciaux à la lettre de change. — La lettre de change a deux avantages spéciaux : — 1° elle évite les frais, les embarras, les dangers du transport effectif du numéraire ; — 2° elle a pour but de multiplier les signes du crédit, et partant de multiplier les opérations commerciales, qui se font presque toutes par lettres de change.

Forme de la lettre de change. — La lettre de change est un acte et non pas un contrat ; c'est un acte solennel dont l'existence dépend de l'emploi de certaines formalités rigoureuses, si bien que la forme emporte le fond. C'est un acte solennel *et non pas authentique.*

De la rédaction de la lettre de change. — Dans sa rédaction, la lettre de change est assujettie à des formalités rigoureuses : elle doit renfermer nécessairement certaines énonciations, énonciations relatives soit aux personnes, soit aux choses, satisfaire à certaines conditions que nous allons énumérer.

1° *La lettre de change doit être tirée d'un lieu sur un autre* (110 Cod. comm.). — Quel est le motif de cette condition ? On l'aperçoit facilement ; elle résulte de la définition même que nous avons donnée de la lettre de change ; car, si l'on ne suppose pas deux lieux différents, les chances diverses fondées sur l'abondance ou la rareté de la monnaie, la plus ou moins grande étendue des besoins, les risques plus ou moins considérables dans le transport qui sont les principaux éléments du cours n'existeraient plus. — La distance qui devra exister entre les deux lieux sera une question d'appréciation dans laquelle on prendra en considération les besoins du commerce.

2° *La lettre de change doit être datée* (art. 110 Cod. comm.). — La date

doit comprendre : 1° l'indication de deux époques, c'est-à-dire, 1° de celle
où la lettre est tirée ; 2° de celle où la lettre est payable. — 2° L'indication
d'un lieu, de celui où la lettre est souscrite. — 1° *L'indication de l'époque
à laquelle la lettre est tirée :* elle est utile pour faire connaître si à cette
époque le tireur pouvait tirer des lettres de change ; si, étant dans de mau-
vaises affaires, il ne les a pas tirées pour nuire à ses créanciers. — 2° *L'indication de l'époque à laquelle elle est payable :* elle est nécessaire pour
indiquer, 1° au cas où la lettre est payable dans un certain délai, à partir
de sa création, quand ce délai sera arrivé ; 2° au cas où la lettre est payable
à vue, c'est-à-dire lors de sa présentation, ou dans tel délai après sa présentation, il faut indiquer la date pour faire courir le délai ; 3° au cas où la
lettre est payable à jour fixe, les raisons précédentes ne sont pas applicables ; mais il faut encore donner la date, afin de savoir si le tireur, à telle
époque, était à tel endroit. — 3° *L'indication du lieu où la lettre est tirée :*
cette indication mettra à même de constater si l'on a rempli la première
condition que nous avons mentionnée, c'est-à-dire si la lettre a été tirée
d'un lieu sur un autre.

3° *La lettre de change doit énoncer la somme qui sera payable* (110
C. comm.). En effet que pourrait-on payer, si on ne connaissait ce *quantum, quantum* qui ne peut consister qu'en argent monnayé. Si le payement doit se faire plutôt en telle monnaie qu'en telle autre, on doit l'indiquer. Cette énonciation est si importante, qu'on l'écrit d'abord en toutes
lettres, puis en chiffres, en haut ou en bas du titre.

4° *La lettre de change doit énoncer le nom de celui qui doit payer*
(Comm., 110). — La lettre de change doit indiquer le nom de différentes
personnes. Le motif de ces énonciations est de bien constater la validité
et la sûreté du titre. Il doit contenir : 1° le nom du tireur qui signe la
lettre ; 2° le nom du preneur qui réclamera le payement ou cédera la
créance ; 3° le nom du tiré qui, étranger à la formation du contrat de la
lettre, doit pourvoir à son exécution : il faut indiquer, comme nous l'avons
vu, son domicile, ou le lieu où la lettre sera payable ; 4° le nom du mandataire, si le tireur tire par un mandataire ; 5° le nom du commissionnaire :
mais alors il n'est pas besoin de donner le nom du tireur ou donneur d'ordre, puisque l'on a celui du tireur pour compte ; 6° le nom, si l'on veut,
car on n'y est pas forcé, de la personne qui fournira la valeur de la lettre à
la place du tiré ; 7° les domiciliataires, les recommandataires, le donneur

d'aval, s'il y en a. Sans trois personnes, un tireur, un preneur, un tiré, il ne peut y avoir de lettre de change : le tireur et le tiré ne peuvent être une même personne, car alors il n'y aurait pas à remplir les conditions d'acceptation, provision, protêt, etc.

5° *La lettre de change doit énoncer l'époque du payement* (Comm., 110). — Une lettre de change doit indiquer à quelle époque on doit la payer, et on ne peut y suppléer par les circonstances. Elle peut être payable : 1° à vue ou à un certain délai de vue ; 2° à jour fixe ; 3° à une ou plusieurs usances ou délais de 3o jours ; 4° à une ou plusieurs semaines, soit de date, soit de vue ; 5° elle peut être payable en foire. — Dans tous les cas, l'époque du payement doit être déterminée d'une manière assez certaine pour qu'il n'y ait pas de doute sur le moment auquel le porteur pourra exiger le payement.

6° *La lettre de change doit énoncer le lieu du payement* (110 Comm.). — Cette énonciation comprend deux choses : 1° *le lieu, dans son sens général,* c'est-à-dire la ville autre que celle où la lettre est passée. — Ces deux lieux doivent être séparés par une certaine distance qui est laissée à l'appréciation des tribunaux ; 2° *le lieu, dans son sens restreint,* c'est-à-dire la maison où le payement doit être fait ; ce lieu peut être le domicile du tiré, ou tout autre endroit, si on en a désigné un.

7° *La lettre de change doit contenir le nom de celui auquel la lettre est payable.* — Condition essentielle ; si bien que, si la lettre indique que le preneur a versé la valeur, sans indiquer que le tiré doit la lui payer, le tiré n'y est pas obligé ; le preneur n'a d'action que contre le tireur, soit en indemnité, soit pour avoir une lettre régulière.

8° *La lettre de change doit renfermer la clause à ordre.* — Sans cela le preneur, tout en pouvant se faire payer, ne peut négocier par la voie d'endossement. Elle peut être : 1° à l'ordre du preneur, 2° à l'ordre d'un tiers, 3° à l'ordre du tireur. — En exigeant que la lettre soit à ordre, le législateur ne commande pas l'emploi solennel de cette expression ; mais il vaut mieux s'en servir, et, si l'on se sert d'autres paroles, il faut avoir soin qu'elles expriment bien l'ordre de payer au preneur ou au porteur qui le remplace.

9° Il doit y avoir dans la lettre de change *la déclaration de la valeur fournie.* — On doit énoncer l'équivalent fourni par le tireur : peu importe quel sera cet équivalent ; mais il en faut un, parce qu'il n'y a pas d'opération commerciale sans intérêt ; cet équivalent peut être une obligation, peut consister en comptes, être subordonné à un terme, mais non à une condition, parce que cette condition n'aurait qu'à ne pas s'accomplir, il n'y aurait pas de valeur équivalente à la lettre, et il en faut une ; il faut donc indiquer la valeur équivalente, et indiquer en quoi elle consiste, sans quoi la lettre de change est imparfaite. La loi n'a pas fixé d'expressions solennelles pour indiquer la valeur fournie. On pourra choisir les termes à son gré, pourvu qu'ils indiquent en quoi consiste l'équivalent.

10° La lettre de change peut contenir des *énonciations facultatives ;* ainsi par exemple, la *clause du besoin,* celle par laquelle le tireur indique que si l'acceptation ou le payement ne sont pas faits chez le tiré, à son défaut, au besoin, ils seront faits à tel autre endroit, chez telle autre personne. — Comme autres exemples d'énonciations facultatives qui peuvent être écrites dans la lettre de change, nous pouvons encore citer la *clause de retour sans frais,* la *clause sans autre avis.*

De l'endossement. — Nous avons vu comment se crée la lettre de change, voyons comment on la négocie. Cette négociation se fait par l'endossement. — 1° *Rapports de ressemblance entre la lettre de change et l'endossement.* — 1° L'un et l'autre supposent un contrat préexistant ; 2° l'un et l'autre doivent se faire par la solennité de l'écriture, et l'écriture ici est nécessaire, non pour la preuve, mais pour la validité. L'endossement doit se faire sur le titre même de la lettre de change. 3° L'endossement, comme la lettre de change, en lui-même est commercial, quel que soit le but dans lequel on l'a fait, c'est-à-dire qu'il entraîne la contrainte, la solidarité, la compétence commerciale. — 2° *Différences entre la lettre de change et l'endossement :* 1° la lettre de change est principale : si elle est nulle, l'endossement l'est aussi. L'endossement est accessoire : sa nullité n'entraîne pas celle de le lettre. 2° La lettre de change présuppose un contrat de change, l'endossement n'en présuppose pas un, car il peut se faire au lieu où la lettre est payable : or, pour qu'il y ait contrat de change, il faut qu'il y ait deux lieux différents : L'endossement n'est donc qu'une cession simplifiée, un transport de titre affranchi des difficultés du droit commun.

Ainsi donc, c'est par l'endossement que l'on dispose de la lettre de change, qu'on la négocie (136). Cet endossement se fait sur le titre lui-même, ou sur l'*allonge,* c'est-à-dire sur un papier annexé au titre pour recevoir les endossements qui ne peuvent être mis sur le titre lui-même, faute de place.

Diverses espèces d'endossement. — Il y a deux espèces d'endossements : 1° l'*endossement régulier,* assujetti à des formes rigoureuses, parce qu'il a pour but de transférer la propriété de la lettre ; c'est un mode de transport particulier, dispensé des formes exigées par le droit civil pour le transport des créances ; 2° l'*endossement irrégulier,* qui n'est assujetti à aucune forme ; il n'est pas une cession, un transport, mais une procuration (138 Cod. comm.).

1° *De l'endossement régulier.* — 1° *Formes de l'endossement régulier* (137 Cod. comm.). 1° L'endossement doit être *daté,* condition commune à la lettre et à l'endossement, qui a pour but d'éviter les fraudes que l'on ferait au préjudice des créanciers du failli. On ne peut suppléer à l'omission de la date par des conjectures ou autres moyens supplétoires. 2° L'endossement doit exprimer la *valeur fournie ;* 3° l'endossement doit énoncer le nom de celui au profit de qui il est fait ; 4° la déclaration qu'il est à l'ordre de cette personne.

2° *Des effets de l'endossement régulier.* — 1° Entre celui qui le souscrit et celui au profit de qui il est souscrit. — Il y a à distinguer : quand le tireur, faisant la lettre à son ordre propre, l'endosse au profit du preneur, il y a contrat de change pur et simple : lorsque dès sa création la lettre de change est parfaite et tirée d'un lieu sur un autre, l'endossement est alors un contrat composé de transport-cession et de change avec presque tous les effets attachés à ces deux opérations. — 2° Entre celui au profit de qui l'endossement est souscrit, et celui sur qui la lettre de change est tirée. — L'endossement est un transport, une cession de créance qui donne au cessionnaire tous les droits qu'avait le cédant contre le débiteur principal et les autres garants. — 3° Entre celui qui souscrit l'endossement et les autres parties qui interviendront dans les négociations ultérieures de la lettre. — L'endossement rend celui qui le souscrit garant non-seulement envers son cessionnaire, mais envers tous les cessionnaires ultérieurs. — Du reste, par des conventions, les parties peuvent déroger à ces principes : ces conventions auront plus ou moins de force, selon qu'elles seront écrites ou non sur la lettre de change.

3° *Dans quels délais une lettre de change peut être revêtue d'endossements réguliers?* — 1° Tant qu'une lettre n'est pas échue, on peut en faire valablement la cession, et cette cession a tous les effets que nous avons vus.— 2° Même après l'échéance, la lettre peut être endossée, mais alors la cession faite à ce moment n'a pas vis-à-vis tous les effets ordinaires.

De l'endossement irrégulier. — L'endossement irrégulier est celui qui n'est pas fait dans les formes que nous avons indiquées; il n'entraîne pas un transport, il n'est qu'une procuration (138 Comm.); il donne au porteur procuration de recevoir le payement à l'échéance, à moins que l'endosseur n'ait révoqué le mandat, ou que le débiteur n'ait à lui opposer quelque cause de compensation ou quelque opposition ou saisie-arrêt faite entre ses mains contre lui.

De l'acceptation. — L'acceptation d'une lettre de change est la déclaration par laquelle celui sur qui la lettre est tirée contracte l'engagement de la payer.

1° *Comment se demande et se procure l'acceptation.* — 1° Le tireur doit demander au tiré l'acceptation; il la lui demande par une lettre d'avis envoyée par le plus prochain courrier afin de lui faire connaître tout ce qu'il doit savoir quand le preneur se présentera, et qu'averti il ne le repousse pas. *Cette lettre d'avis*, dont le preneur reçoit un double, s'il l'exige, contient la date, le nombre, le montant des traites, la mention, si elles sont par 1re, 2e, 3e, etc., quand et comment elles sont payables; elle indique comment le tireur entend couvrir le payement qui sera fait par le tiré. — 2° Le porteur peut aussi requérir l'acceptation : en règle générale, ce n'est pas pour lui une obligation, mais seulement une faculté. Mais, obligé ou non, il y a pour lui grand intérêt à demander l'acceptation, 1° parce que le tiré acceptant sera tenu par une obligation directe et personnelle, et qu'il ne pourra plus, comme il l'aurait fait, refuser son acceptation si le crédit du tireur vient à s'altérer; 2° parce que le tireur infidèle peut négocier un second, un troisième exemplaire de la lettre, et que le tiré, ayant accepté sur un de ceux-là, ne voudra pas accepter sur celui entre les mains du premier, qui alors n'aurait plus de recours que contre celui qui a frauduleusement mis en circulation plusieurs exemplaires de la lettre. — Ainsi, ordinairement le preneur n'est pas obligé à requérir l'acceptation; mais son intérêt, qui est un conseiller pressant, l'y engage : parfois cette demande de l'acceptation adressée par lui au tiré n'est pas seulement une faculté, elle est une obligation, obligation qui peut lui être imposée

4

soit 1° par la loi, soit 2° par la convention, soit 3° par les instructions de son commettant. Dans les cas où le porteur doit requérir l'acceptation, il doit la demander non-seulement au tiré, mais aussi aux personnes indiquées au besoin dans l'ordre et suivant les termes précis des indications : généralement aussi ce sera au domicile du tiré que se fera la demande d'acceptation sans s'inquiéter de savoir où la lettre est payable.

Un tireur ou un porteur d'une lettre de change se présente au tiré, demandant l'acceptation : que doit-il faire ? Règle : Il n'est pas obligé de faire l'acceptation ; il n'y est pas plus obligé, qu'on n'est obligé d'accepter un mandat ; il doit cependant prendre un parti et le faire connaître : dans un délai de vingt-quatre heures, qui commence à l'instant même de la présentation, il doit déclarer s'il entend accepter ou non (125). Ce délai est utile au tiré, pour réfléchir sur la position du tireur, et étudier ses rapports avec lui. Le tiré n'a que vingt-quatre heures pour s'expliquer, mais l'échéance des vingt-quatre heures, sans qu'il ait rien dit, n'emporte pas acceptation, elle rend seulement le tiré passible de dommages-intérêts, si elle préjudicie au porteur. Lorsqu'il refuse une lettre payable à un certain temps de vue, il peut constater la présentation par un visa, mais ne doit rien écrire sur la lettre qui puisse préjudicier au tireur.

Des formes de l'acceptation. — La lettre est présentée au tiré, il consent à l'acceptation ; comment la fera-t-il ? — Elle sera écrite : c'est ce qui résulte de l'art. 122, qui exige que l'acceptation soit signée. Il ne faudrait du reste pas conclure de la rédaction de cet article que la loi a consacré des expressions solennelles pour faire l'acceptation : ordinairement on emploiera le mot *accepté*, mais toute autre forme équivalente et non équivoque suffirait. L'acceptation même, faite par un non-commerçant, n'a pas besoin d'énoncer la somme ; il n'y aura exception que lorsqu'elle est faite par des femmes non-commerçantes, parce qu'une signature de leur part, sur des lettres de change, est une obligation purement civile (113 Cod. comm.). Cependant il est d'usage de faire cette énonciation, afin d'éviter les fraudes et les altérations qui pourraient être faites dans le corps de la lettre ; ensuite remarquons bien qu'elle est absolument nécessaire, lorsqu'on n'accepte que pour partie. Quant à l'énonciation de la date, il n'est pas nécessaire qu'elle soit faite dans l'acceptation ; elle doit cependant s'y trouver quand la lettre est payable après un certain temps de vue, parce que c'est le seul moyen de fixer l'époque de l'échéance ; du reste, dans tous les cas le porteur peut l'exiger, mais le défaut de date n'annule pas l'acceptation. Enfin une dernière énonciation, qu'il ne faut pas omettre et que l'accepteur ne peut pas refuser, c'est l'indication du lieu où le payement sera fait, quand il ne doit pas l'être au lieu de la résidence de l'accepteur (art. 123 Comm.). L'acceptation doit être pure et simple (art. 124 Comm.). Le porteur est en droit de refuser une acceptation que l'on voudrait faire sous condition, ou qui changerait le terme de l'échéance, le mode, le lieu du payement énoncés dans la lettre de change ; toutefois elle peut n'être que partielle, pour une somme moindre, et celle-là le porteur ne peut la refuser. Dans l'intérêt du commerce, on a permis les acceptations restreintes, d'autant plus que pour l'excédant le preneur conserve l'intégrité de ses droits ; il est tenu de faire protester la lettre de change pour le surplus non accepté.

Des effets de l'acceptation. — Le tiré a consenti, il a fait l'acceptation : par là il est devenu débiteur, débiteur direct, personnel, du preneur, obligé au payement dans les termes et aux conditions énoncées dans la lettre (art. 121 Cod. comm.). Mais le tireur et les endosseurs n'ont pas gagné leur libération : après avoir été garants solidaires de l'acceptation, ils demeurent garants solidaires du payement à l'échéance. L'accepteur n'est pas restituable contre son acceptation, soit qu'il n'ait pas reçu la provision sur laquelle il comptait, soit qu'ayant accepté sans avoir reçu de lettre d'avis le tireur lui écrive plus tard de ne pas accepter, ni quand le tireur à son insu a failli avant qu'il n'accepte, etc.; il n'avait qu'à mieux s'informer de l'état des choses. Entre l'accepteur et le tireur, il se forme par l'acceptation un contrat de mandat ; le tiré, consentant à être mandataire, s'oblige à exécuter le mandat qui lui est donné, à faire le payement de la lettre ; le tireur, comme mandant, est obligé de garantir le mandataire, l'accepteur, de tous les effets de l'acceptation.

Du refus d'acceptation. — *Du protêt faute d'acceptation.* — Nous avons supposé que le tiré avait consenti à l'acceptation, supposons maintenant qu'il la refuse, que va-t-il se passer? 1° Au cas où il n'y a pas obligation pour le porteur, mais seulement faculté de requérir l'acceptation, il peut alors, mais ce n'est pas non plus une obligation, faire constater le refus d'acceptation par un acte extrajudiciaire que l'on nomme *protêt faute d'acceptation ;* 2° quand d'une part il y a pour le porteur obligation imposé par la loi, par la convention ou par ses rapports avec le propriétaire

de la lettre, de requérir l'acceptation, il y a aussi d'autre part obligation
de faire constater le refus du tiré par un protêt faute d'acceptation; tout
détenteur de la lettre, même sans en être porteur en vertu d'un endossement quelconque, peut requérir ce protêt; il se fait, selon les formes du
protêt faute de payement, dans un délai laissé en général à l'appréciation
des tribunaux, au lieu où l'acceptation doit être requise, si ce lieu est
distinct de celui du payement. Le premier effet du refus d'acceptation est
donc de mettre le porteur, toujours dans la possibilité, quelquefois dans
l'obligation, de requérir *le protêt faute d'acceptation;* le second effet est
de lui donner droit à une action en garantie contre le tireur et les endosseurs, garants solidaires du refus d'acceptation; il peut leur demander le
remboursement du montant de la lettre, des frais de protêt et autres frais
légitimes, tels que ports de lettre, commission, rechange. Celui ou ceux
auxquels il s'adresse pour exercer son action en garantie peuvent choisir
entre deux partis; ils peuvent rembourser, ou bien fournir caution.

De l'acceptation par intervention. — A défaut de l'acceptation pure et
simple par celui qui naturellement peut la faire, le tiré, il peut y avoir acceptation supplétoire, celle que la loi appelle *acceptation par intervention,*
acceptation qui ne peut être faite qu'à la condition: 1° que le tiré a refusé
d'accepter purement et simplement, 2° que son refus a été constaté par un
protêt. C'est alors que toute personne étrangère à la lettre, c'est-à-dire
n'étant pas encore obligée par elle, peut accepter par intervention, accepter
ainsi, pour quelques-uns des signataires, ou pour tous. Les formes de
l'intervention sont bien simples; on la mentionne dans le protêt faute
d'acceptation; l'intervenant la signe; il la notifie sans délai à celui ou à
ceux pour lesquels il est intervenu (126, 127 Comm.). Cette notification
doit se faire au plus tôt; les tribunaux apprécieront si on l'a faite dans le
temps voulu. Vis-à-vis le porteur, l'acceptation par intervention ne supplée
pas l'acceptation pure et simple (art. 128, Comm.).

De la provision. — La provision est le montant des valeurs fournies par
le tireur ou par celui pour lequel la lettre est tirée, et destinées au payement
de la lettre de change. Nos législateurs ont traité d'une manière bien in-
complète et bien imparfaite cette épineuse et importante matière. De justes
et sévères critiques ont été adressées aux quelques articles qui traitent de la
provision; elles étaient si bien fondées, qu'une loi est venue leur apporter
sa sanction, et changer tout à coup, du tout au tout, la jurisprudence de

la cour suprême. Nous voulons parler de la loi du 19 mars 1817, qui a fait un article de commentaire pour remplacer l'art. 115 du Code, ou du moins interpréter sa doctrine. Une législation subséquente n'a pas touché à l'art. 117 : il mérite cependant bien sa part de reproches. Sa première partie, que l'histoire seule peut expliquer, n'est pas en harmonie, jure avec les principes de doctrine posés par les art. 169, 170 et 171. Ses dernières lignes sont des redites dont nous trouvons bien mieux le sens et la pensée dans les articles que nous venons de citer. Nous ne trouvons donc dans le Code que des notions peu sûres sur la provision; ajoutons qu'elles sont beaucoup trop courtes, et que le législateur laisse dans l'ombre une foule de points délicats sur lesquels il aurait dû nous donner des explications certaines. Aussi nous ne ferons qu'énoncer les difficultés, nous n'oserons pas les résoudre.

La provision est donc un équivalent, une valeur fournie par le tireur au tiré, pour que celui-ci puisse satisfaire au payement. Elle peut consister, soit en une somme d'argent, soit en une créance que le tireur a sur le tiré, soit en un crédit accordé par le tiré au tireur. C'est au tireur, nous le savons déjà, ou au tiers pour qui la lettre est tirée, à fournir la provision (art. 115, C. comm.). Nous trouvons dans l'art. 116 Comm. les conditions auxquelles elle existe : 1° il faut qu'elle soit faite à l'échéance, 2° qu'elle soit égale au moins au montant de la lettre de change.

Le tiré, qui n'est redevable à aucun titre envers le tireur, et qui a accepté sans avoir reçu la provision, ne peut l'exiger avant l'échéance; ce n'est qu'après l'exécution qu'il peut réclamer ses avances, les intérêts et son salaire. Si au contraire il a entre les mains des valeurs qui peuvent être considérées comme formant la provision, il y a à distinguer entre le cas où ce sont des sommes qu'il doit au tiré, et le cas où ce sont, par exemple, des marchandises à vendre. Dans la première hypothèse, la perte des sommes arrivée entre la création de la lettre et l'échéance est pour le tiré ; dans la seconde hypothèse, la perte de la provision composée de marchandises, arrivée dans l'intervalle indiqué, est pour le tireur, à moins que ce ne soit par la faute du tiré.

Un examen plus difficile est celui des droits du porteur sur la provision; ils donnent lieu aux questions les plus controversées et les plus controversables ; nous nous contenterons donc de poser celle-ci. Le porteur est-il propriétaire de la provision? Elle est la source d'un grand nombre d'autres.

De l'aval. —Le payement d'une lettre de change peut être assuré par
diverses garanties, 1° par l'acceptation ; 2° par l'endossement, 3° par l'*aval*
(141 Cod. comm.).—L'aval est une espèce de cautionnement donné en faveur du porteur de la lettre de change, un engagement de garantir le payement de la lettre , engagement qui est donné par écrit par une personne
qui n'est ni tireur, ni accepteur, ni endosseur, en un mot par une personne qui n'est pas tenue à un autre titre au payement de la lettre. L'aval
se donne (art. 142 Cod. comm., alinéa 1ᵉʳ) par écrit, soit authentique,
soit sous seing privé, sur la lettre même, ou sur un acte séparé, quand on ne
veut pas inspirer de défiance sur la solvabilité des personnes déjà obligées
par la lettre : l'étendue de l'obligation du donneur d'aval est la même que
celle du cautionné ; comme lui, il est obligé solidairement (art. 142 , alinéa 2, Cod. comm.).—Mais, comme nous le dit la fin de l'article, on peut
déroger par une clause spéciale à cette même étendue de ses obligations,
stipuler que sa loi sera moins dure que celle du cautionné.

Du payement.—*De l'époque du payement :* le porteur d'une lettre de
change doit en exiger le payement le jour de son échéance (art. 161 Cod.
comm.); cet article lui accorde un droit, comme il lui impose une obligation. L'époque précise du payement peut être indéterminée ou déterminée ; elle est indéterminée quand la lettre de change est tirée à
vue, à un ou plusieurs jours, à un ou plusieurs mois, à une ou plusieurs
usances de vue ; elle est déterminée quand elle est tirée à un ou
plusieurs jours, à un ou plusieurs mois, à un ou plusieurs usances de date
à jour fixe ou à jour déterminé, en foire (art. 129 Cod. comm.).—
La lettre de change tirée à vue est payable à sa présentation (art. 130
Cod. comm.) ; l'échéance de celle tirée à un certain délai de vue est fixée
par la date de l'acceptation ou par celle du protêt faute d'acceptation (art.
131 Cod. comm.); dans l'un et l'autre cas, le porteur doit présenter la
lettre dans les six mois de sa date, pour en exiger le payement ou pour en
faire courir l'échéance. L'usance diffère du mois ; l'usance est un délai
fixe de trente jours ; le mois a tantôt trente, tantôt trente et un jours. Les
trente jours de l'usance courent du lendemain de la lettre de change (art.
132 Cod. comm.). Une lettre de change, payable en foire, est échue la
veille du jour fixé pour la clôture de la foire, ou le jour de la foire, si elle
ne dure qu'un jour (art. 133 Cod. comm.). Si le jour de l'échéance est férié, la lettre est payable, c'est-à-dire présentable la veille, et protestable le

lendemain de ce jour : une lettre échue le samedi et une lettre échue le dimanche peuvent donc également se présenter le samedi ; mais toutes deux se protestent le lundi (art. 134-162 Cod. comm.). Diverses lois fixent les fêtes légales. — Tous les délais de grâce, de faveur, d'usage ou d'habitude locale, pour le payement de la lettre de change, sont abrogés (art. 135 Cod. comm.). — Notre Code abolit donc toutes ces coutumes différentes qui, suivant le pays, ou permettaient au payeur de suspendre le payement, ou autorisaient le porteur à retarder le protêt jusqu'à l'expiration de ces délais de grâce. Notre loi a bien fait de corriger l'abus, car la coutume était devenue loi, et une lettre payable dans trente jours, par exemple, n'était payée que dans quarante ; l'exception avait tué la règle. Mais peut-être elle a eu tort de ne pas laisser au porteur le droit d'attendre, à son gré, le payement pendant quelques jours, et de le forcer à faire immédiatement les poursuites sous peine de déchéance. Puis elle n'a pas remarqué que quand le protêt ne doit pas être fait à un chef-lieu d'arrondissement, il faut envoyer un huissier, et que peut-être on sera dans l'impossibilité physique de faire le protêt au jour requis.

Celui qui fait le payement ne peut contraindre le porteur à recevoir une autre monnaie que celle indiquée dans la lettre : si cette énonciation n'est pas faite, le payeur peut être obligé à faire le payement en numéraire, en or ou en argent, non pas en monnaie de billon, si ce n'est pour l'appoint de la pièce de 5 fr. (art. 143 Cod. comm.). — Le payement doit se faire à l'échéance et non pas avant l'échéance : celui qui payerait avant cette époque courrait les risques d'un payement non valable, si une opposition fondée venait à être faite dans ses mains (art. 144 Cod. comm.). — Le porteur de son côté ne peut pas être forcé à recevoir le payement avant l'échéance (art. 146 Cod. comm.). — Ainsi donc ce n'est ni avant ni après l'échéance que le payement doit être fait, c'est à l'échéance même. Mais aussi quand le payement est ainsi fait à l'époque voulue, sans qu'il y ait eu d'opposition formée, il y a présomption de libération pour le payeur (art. 145 Cod. comm.). — Ce n'est qu'au cas de perte de la lettre de change ou de la faillite du porteur que les oppositions sont admises (art. 149 Cod. comm.). — Le payement d'une lettre de change sur une seconde, troisième, quatrième, est valable lorsque la seconde, troisième, quatrième porte que ce payement annule l'effet des autres, Le Code dit que la clause de l'annulation des autres exemplaires doit être exprimée sur celui qui est payé: mais nous croyons que, quand même elle ne serait pas écrite, elle serait suppléée par le commerce (art. 147 Cod. comm.). — Le payement peut n'être fait que partiellement par suite d'une acceptation restreinte : dans ce cas, ce n'est pas le payeur, mais le porteur qui garde le titre.

Du payement par intervention. — Lorsque le tiré a refusé le payement, que son refus a été constaté par un protêt, la loi permet alors que l'on fasse ce qu'elle appelle le *payement par intervention*, dont elle veut que l'on fasse mention dans l'acte du protêt ou à la suite de l'acte. Les refus de payement ont toujours de fâcheuses conséquences, et souvent sont une cause de désastres non-seulement pour celui qui ne paye pas, mais aussi pour ceux qui sont en relation d'affaires avec lui. C'est pourquoi la loi, espérant que le payement par intervention évitera des malheurs, le regarde d'un œil favorable, et engage à le faire en lui accordant de grands privilèges : elle le permet à tout le monde, obligé ou non par la lettre, sauf au tiré, qui aurait accepté, parce qu'étant tenu directement il ne peut payer pour autrui ; entre plusieurs intervenants, elle préfère celui qui procure un plus grand nombre de libérations ; enfin elle accorde la subrogation légale à celui qui fait le payement. Du reste le porteur n'est pas toujours obligé d'accepter un payement par intervention. Il conserve le titre, car il en a besoin pour réclamer le reste du montant non payé (art. 156 Cod. comm.) : mais le payeur peut exiger d'abord que le payement soit inscrit sur la lettre, ensuite qu'on lui donne une quittance dont il puisse faire usage en temps et lieu : les juges ne peuvent accorder de délai de grâce pour le payement d'une lettre de change (art. 157 Cod. comm., 1244 Cod. civ.).

C'est au tiré tout d'abord, qu'il ait accepté ou non, parce qu'il a pu se raviser, et qu'alors, il doit être préféré à tous, que le payement doit être demandé ; à son défaut, et après la constatation de son refus par un protêt, tous ceux soumis à la garantie du payement, par suite de l'apposition de leur signature, comme tireur, endosseur, accepteur par intervention, donneur d'aval, peuvent le faire : on le fait au porteur, qu'il soit le preneur primitif, ou qu'il ait reçu la lettre par suite d'endossements : celui qui paye est subrogé aux droits du porteur.

De la perte des lettres de change. Dans la section du payement, la loi traite de la perte de la lettre de change ; c'est un grave événement qui a dû attirer son attention et nécessiter de sa part des règles ayant pour but de concilier les intérêts de tous. D'une part, il ne fallait pas que le porteur, par cet accident fâcheux, fût privé du payement ; de l'autre, il fallait veiller à ce que le payeur ne fût pas exposé à verser les fonds dans les mains d'une personne qui n'avait pas droit de les recevoir. Comme première mesure de sûreté, il est défendu au tiré de payer, quand, au cas de perte, une opposition est formée (art. 149). Si la lettre perdue *n'a pas été acceptée*, et si l'on a eu soin, comme on le fait généralement, de tirer la lettre à plusieurs exemplaires, les difficultés pour arriver au payement ne seront pas bien grandes : la loi déclare qu'on pourra le poursuivre en représentant un second, un troisième, un quatrième exemplaire (art. 150). Le payement sur un des exemplaires annule tous les autres (art. 147). Si la lettre perdue *a été acceptée,* et que dans ce cas encore il existe d'autres exemplaires de la lettre, à part les voies de procédure qu'il faudra employer, car il faudra, après avoir donné caution, obtenir l'ordonnance du juge, on arrivera assez facilement au payement. Mais la question se complique, si le porteur n'a pas d'autres exemplaires de la lettre perdue ; il n'est pas obligé de renoncer à se faire payer, mais il faut qu'il obtienne l'ordonnance du tribunal, et, pour l'obtenir, il faut qu'il justifie de sa propriété, il faut qu'il donne caution (152). Cette caution, dont il est parlé dans ces deux art. 151 et 152, est libérée après trois ans, si pendant ce temps il n'y a eu ni demandes, ni poursuites juridiques, tandis que l'accepteur est tenu pendant cinq ans (art. 155). En libérant plus tôt la caution, on a pensé qu'on se la procurerait plus facilement. Lorsqu'il n'y a pas eu plusieurs exemplaires faits lors de la confection de la lettre, le propriétaire de la lettre égarée, pour s'en procurer un autre, doit s'adresser au tireur, s'il n'y a pas eu d'endosseur, ou, dans le cas contraire, à son propre endosseur, en remontant ainsi d'endosseur à endosseur. Les frais sont à sa charge.

Il nous semble que c'est tout naturellement à côté des lettres de change perdues que nous devons parler de celles qui sont fausses ou falsifiées. On peut commettre un faux dans la confection d'une lettre de change, soit en la signant de la signature d'un autre que l'on imite de son mieux, soit en la signant d'un nom imaginaire pour se donner du crédit, soit encore en fabriquant ou faisant fabriquer à son ordre une lettre fausse, et en l'endossant au profit d'un tiers. Dans le premier cas, on nuit au tireur ; dans le second et le troisième, on nuit aux endosseurs ultérieurs. C'est le tiré qui est le principal intéressé à savoir si la signature du tireur est vraie, bonne,

5

valable : c'est même pour le garantir que l'on a introduit l'usage des lettres d'avis ; car, dès qu'il a accepté, il est tenu, obligé ; il doit subir les conséquences de son acceptation, quand même plus tard il reconnaîtrait que la lettre est fausse ; mais on doit le sacrifier plutôt que le porteur qui n'a pas pu vérifier, examiner la signature du tireur. Les mêmes raisons, qui ne permettraient pas à l'accepteur d'une lettre fausse d'en refuser le payement, empêcheraient qu'il puisse répéter le payement indûment fait. Il n'a aucune action contre le tireur supposé, car celui-ci ne lui a jamais donné mandat. Ceci ne s'appliquerait pas au cas où la lettre n'a été que falsifiée, parce que l'accepteur n'a pas été trompé sur la vérité de la signature du tireur. Il faut cependant distinguer si le tiré a reçu du tireur une lettre d'avis indiquant une somme, et qu'il ait accepté pour une somme plus forte, à cause de falsifications dans la lettre ; il ne pourra répéter que la somme indiquée sur la lettre d'avis. Mais, si la lettre était acceptable ou payable sans avis, l'accepteur peut répéter toute la somme falsifiée, parce que rien n'a pu l'avertir, et que le tireur devait prendre plus de précautions. Du reste, dans l'un et l'autre cas, on ne peut rien réclamer au porteur de bonne foi. Dù moment qu'il n'est pas l'auteur du faux ou de la falsification, il a touché le montant d'une créance qu'il a légitimement achetée.

Des droits et devoirs du porteur. — I. Le porteur doit à l'échéance demander le payement ; c'est son premier devoir quand il n'a pas été obligé à requérir l'acceptation (art. 160, 161 Comm.). Si le tiré, l'obligé principalement, ne paye pas, le porteur a un recours subsidiaire, une action en garantie contre le tireur, les endosseurs, les donneurs d'aval ; mais ceux-ci, à moins de convention expresse ou tacite, ne sont tenus au payement qu'autant que le tiré a refusé de payer, et que ce refus a été constaté par un protêt.

II. *Des protêts.* — Le protêt se fait à la requête du porteur, quand même il n'aurait la lettre qu'en vertu d'un endossement irrégulier, ou la requête du détenteur de la lettre non pas en son nom, mais au nom de celui que le dernier endossement a constitué porteur. Quand se fait-il ? le lendemain de l'échéance, parce que celui qui doit payer a tout le jour de l'échéance pour se débattre et aviser au moyen de se procurer la somme nécessaire pour le payement. Si ce lendemain est un jour férié, on le fera le jour suivant (162). Il n'y aura d'exception que lorsqu'une force majeure empêchera d'accomplir cette formalité dans le délai prescrit par la loi. Les tribunaux apprécieront cette délicate question de savoir si la force majeure a été telle qu'elle puisse excuser le retard apporté au protêt; ils examineront aussi si c'est elle seule qui a occasionné les entraves apportées à l'exécution de cette formalité.

La loi a désigné les officiers publics qui peuvent dresser les protêts : ce sont les notaires et les huissiers ; mais les notaires, dont les fonctions sont plus magistrales et plus pacifiques, abandonnent généralement aux huissiers ce ministère hostile : il faut deux notaires, ou un notaire, ou un huissier assisté de deux témoins, ayant les qualités nécessaires pour figurer dans les actes extrajudiciaires (art. 173 Cod. comm.). L'officier instrumentaire doit se présenter au tiré, soit au domicile de l'acceptation, soit au domicile du tiré, soit au lieu indiqué pour le payement par l'accepteur. Quand la lettre a été acceptée par un tiers intervenant, il faut protester et chez le tiré et chez l'intervenant; enfin, il faut le faire aussi aux domiciles des personnes indiquées au besoin, bien entendu quand elles sont autres que le tireur et les endosseurs; le tout par un seul et même acte (173, al. 2). Si le domicile indiqué n'est pas celui de la personne à laquelle on demande le payement, l'officier devrait faire un acte de perquisition et le transcrire en tête du protêt qu'il doit faire de même.

Le protêt, pour être valable, doit, à peine de nullité, renfermer plusieurs énonciations que nous trouvons dans l'art. 174 Cod. comm. ; il doit contenir, 1° la transcription littérale de la lettre de change, de l'acceptation, des endossements, des recommandations qui y sont indiquées; de tout en un mot; 2° la sommation de payer le montant de la lettre; 3° l'énonciation de la présence de celui qui doit payer, des motifs de son refus de payer, s'il en donne, et de ceux qui l'empêcheraient de signer sa réponse. L'officier instrumentaire doit se présenter à une heure à laquelle les exploits sont valablement faits, et il peut laisser le protêt à la personne qu'il trouve dans la maison, sans être obligé d'y retourner. Toute énonciation mensongère dans le récit des faits, dans la réponse, la transcription des pièces, serait un faux; toutes les omissions préjudiciables aux parties, et imputables à l'officier public, donneraient lieu contre lui à des poursuites en dommages-intérêts. Sous peine de destitution, dépens, dommages-intérêts, les officiers instrumentaires doivent laisser aux personnes à qui ils s'adressent copie exacte des protêts, puis les inscrire jour par jour, en entier, par ordre de date, sur un registre particulier, coté, paraphé et tenu dans les formes prescrites pour les répertoires (art. 176 Cod. comm.)

Terminons, en faisant remarquer avec l'art. 175, que, sauf des cas bien rares, le protêt doit toujours être fait ; quelquefois cependant la loi admet des actes équivalents.

Des actions du porteur. — Quand le porteur a satisfait à l'obligation que la loi lui impose, de faire constater par un protêt le refus de payement, formalité dont il ne peut se dispenser, ni par le protêt faute d'acceptation, ni par la mort ou faillite de celui sur qui la lettre est tirée (art. 163), alors s'ouvre pour lui le droit d'agir, de poursuivre en justice, de s'en prendre à tous ceux qui, signataires de la lettre, sont garants, garants solidaires du payement. 1° A-t-il des droits contre le tiré? Oui, au cas où celui-ci a accepté, parce qu'alors il est devenu débiteur direct, personnel, du porteur; il peut donc être poursuivi, on peut faire saisir conservatoirement ses effets mobiliers ; mais, s'il n'y a pas eu d'acceptation, le porteur ne peut avoir contre le tiré plus de droits que n'en aurait le tireur lui-même.

Supposons maintenant que l'action contre le tiré, ou n'a pas été possible, ou a été impuissante, qu'elle a été sans effet, que peut faire le porteur? La loi lui accorde de nombreux recours ; elle lui permet de s'adresser à tous les signataires de la lettre, tireur ou endosseurs, individuellement ou collectivement (art. 164). Quand il agit individuellement contre un signataire de la lettre, il doit, dans la quinzaine qui suit le protêt, remplir deux formalités essentielles, sous peine de déchéance : 1° faire la dénonciation du protêt; 2° envoyer une citation en justice. Ces deux formalités sont nécessaires : l'une ne peut suppléer l'autre, la seconde ne peut être faite avant la première (art. 165). Si, entre le domicile du gérant et le lieu où doit être payée la lettre de change, il y a plus de cinq myriamètres, le délai de quinzaine est augmenté d'un jour par deux myriamètres et demi, excédant les cinq myriamètres. Un excédant moindre emporte néanmoins l'addition d'un jour. L'article 166 détermine aussi des délais plus longs, mais fixes, pour les cas où la lettre, tirée de France, est payable hors du territoire continental du royaume, et que les garants, tireur et endosseurs résidant en France. Ces délais de deux, quatre, six mois, d'un an, de deux ans, sont doublés en temps de guerre maritime ; mais aucun n'est prorogé, ni par minorité, ni par le temps pour faire inventaire et délibérer, accordé aux héritiers de celui qui doit être poursuivi. Ces délais seront observés dans les mêmes proportions pour le recours à exercer contre le tireur et les endosseurs résidant dans les possessions françaises situées hors d'Europe. Si le porteur agit collectivement contre tous les signataires, il doit, dans le délai voulu, calculé pour chacun selon sa distance du lieu où la lettre était payable, faire à tous, 1° la dénonciation du protêt, 2° la citation en justice. Ces formalités ne seront pas nécessaires à remplir vis-à-vis ceux qui ont promis de rembourser amiablement, qui ont déclaré tenir le protêt pour signifié (167). S'il n'a pas rempli les formalités nécessaires dans les délais voulus, ou s'il n'a pas fait les équivalents légaux indiqués pour le cas où l'on ne trouve pas le domicile du signataire poursuivi, il encourt déchéance de tous droits vis-à-vis ceux pour lesquels ils devaient être observés (167). — Il y aura des exceptions à ces déchéances. Ainsi le tireur ne pourra pas les invoquer, dans le cas où il n'a pas fourni la provision ; car, dans ce cas, le retard du porteur ne faisant aucun tort au tireur, ce dernier ne peut opposer des déchéances (art. 170). — Le porteur peut donc agir contre le tireur et le donneur d'aval qui s'est porté caution pour lui en exigeant qu'ils remboursent ou qu'ils prouvent que la provision a été fournie. Bien plus, le tireur ne pourra pas invoquer les déchéances, lors même qu'il aura prouvé la provision, quand il aura reçu, par compte, la compensation des choses fournies pour la provision ; même solution pour les endosseurs ; ils ne peuvent pas opposer les déchéances, parce que les retards ne leur ont pas nui. Enfin, à côté de ces déchéances légales, nous devons placer encore les déchéances conventionnelles, celles résultant de la convention des parties par lesquelles on combattra les prétentions du porteur.

Du rechange. Le législateur a accordé au porteur de la lettre de change non payé un moyen d'obtenir, malgré le non-payement de la lettre de change, les fonds qu'elle était destinée à procurer, et sur lesquels le porteur devait compter ; ce moyen si utile est appelé *rechange* par le Code, quoique ce nom convienne plus spécialement à l'une des opérations que nous allons brièvement analyser.

Le porteur, ayant besoin d'argent, se trouverait dans une fâcheuse position, si, pour être indemnisé, il devait attendre l'événement des poursuites ; mais la loi lui ménage un moyen facile et rapide de se rembourser du principal de la lettre de change et des frais : il *fera retraite* sur le tireur ou sur l'un des endosseurs, ses garants, c'est-à-dire qu'il tirera à son tour une lettre de change sur l'un d'eux, et, en la négociant, il obtiendra tout l'avantage que lui aurait procuré la lettre primitive, si elle eût été payée.

Comme cette opération est assez onéreuse pour celui sur lequel pèsera en définitive la responsabilité du défaut de payement à l'échéance, peut-être même pour d'autres, il faut prouver légalement qu'on a été forcé, par le refus du tiré, de recourir au moyen qu'on emploie. Le protêt est donc un préliminaire indispensable de la retraite, et il faut en justifier à celui auquel cette retraite est adressée : c'est pourquoi celle-ci doit-être accompagnée de l'acte de protêt ou d'une expédition de cet acte, aussi bien que de la lettre protestée, désormais inutile, et du *compte de retour* ou bordereau dûment certifié, contenant, outre la justification des frais faits, le nom de celui sur qui la retraite est dirigée ; cette dernière pièce est nécessaire pour pouvoir constater, en la rapprochant de la retraite, que le montant de celle-ci n'excède pas ce qui a été légitimement déboursé par le porteur qui l'a tirée. Ajoutons que, dans un cas donné, un quatrième écrit est encore indispensable ; c'est le certificat du cours du change du lieu d'où le porteur fait retraite sur le lieu d'où le tireur a émis la lettre protestée.

Du billet à ordre. — Avant de compléter son traité de la lettre de change par un article établissant pour elle une prescription spéciale, le Code parle en quelques mots d'une des espèces de billets, du billet à ordre, auquel il applique aussi la prescription quinquennale quand il rentre dans certaines conditions qu'il détermine. Le billet à ordre est l'engagement par lequel une personne s'oblige à payer une somme fixée à un créancier ou au porteur qui l'aura reçu par la voie d'endossement. Le billet à ordre doit être daté (art. 188), énoncer la somme à payer, le nom de celui à l'ordre de qui il est souscrit, l'époque à laquelle le payement doit s'effectuer, la valeur fournie, en espèces, marchandises, compte. Il n'est pas, comme la lettre de change, essentiellement commercial, n'entraînant pas par lui-même la compétence des tribunaux de commerce, la contrainte par corps ; il n'entraîne ces conséquences que lorsqu'il est souscrit par un commerçant ou par un non-commerçant pour cause de commerce. Du reste toutes les règles que nous avons examinées pour la lettre de change relativement à l'échéance, l'endossement, la solidarité, l'aval, le payement par intervention, le protêt, les devoirs et droits du porteur, le rechange ou les intérêts, sont applicables aux billets à ordre, même ceux qui ont une cause étrangère au commerce : pour la provision et l'acceptation seulement, les règles écrites pour la lettre de change ne peuvent pas être étendues au billet à ordre, qui doit être acquitté par celui même qui l'a souscrit.

De la prescription (art. 189). — En matière de lettres de change, sans distinguer si la cause est commerciale, ou non, et en matière de billets à ordre, lorsqu'ils sont souscrits par un commerçant ou, pour cause de commerce, par un non-commerçant, la loi a dérogé à la prescription ordinaire de trente ans; elle l'a réduite à cinq années, pour les actions résultant de ces effets commerciaux. Le point de départ de cette prescription, qu'une minorité ou une interdiction n'empêcheraient pas de courir, est le jour du protêt, ou le jour des dernières poursuites juridiques, si on en a fait. Tous les moyens de droit commun qui sont interruptifs de prescription s'appliqueront à celle dont nous parlons ici; cependant, dans le résultat obtenu, il y aura de notables différences entre l'interruption opérée par le protêt ou une poursuite juridique, et celle opérée par une reconnaissance ou par la prononciation d'un jugement. De même il y aura une dérogation aux principes établis en ce que le fait d'interruption qui aura lieu à l'égard d'un débiteur, signataire solidaire de la lettre, ne s'étendra pas aux autres codébiteurs, cosignataires solidaires de la lettre.

QUESTIONS.

Le porteur est-il propriétaire de la provision? — Oui.

Un tiers ou un des coobligés de la lettre de change, un endosseur, par exemple, qui ferait un payement par intervention avant le protêt, serait-il dans la même position quant à la subrogation légale? — Oui (1251, 3°).

Un endosseur a endossé une première fois une lettre; cette lettre, par la circulation, lui revient entre les mains; en l'endossant une seconde fois, peut-il effacer tous les endossements qui se trouvent entre les deux siens? — Oui.

Les endosseurs, au cas où les formalités et les poursuites voulues n'ont pas été remplies dans le délai légal, ne peuvent-ils opposer les déchéances qu'en prouvant, comme le tireur, qu'il y a eu provision? — Non.

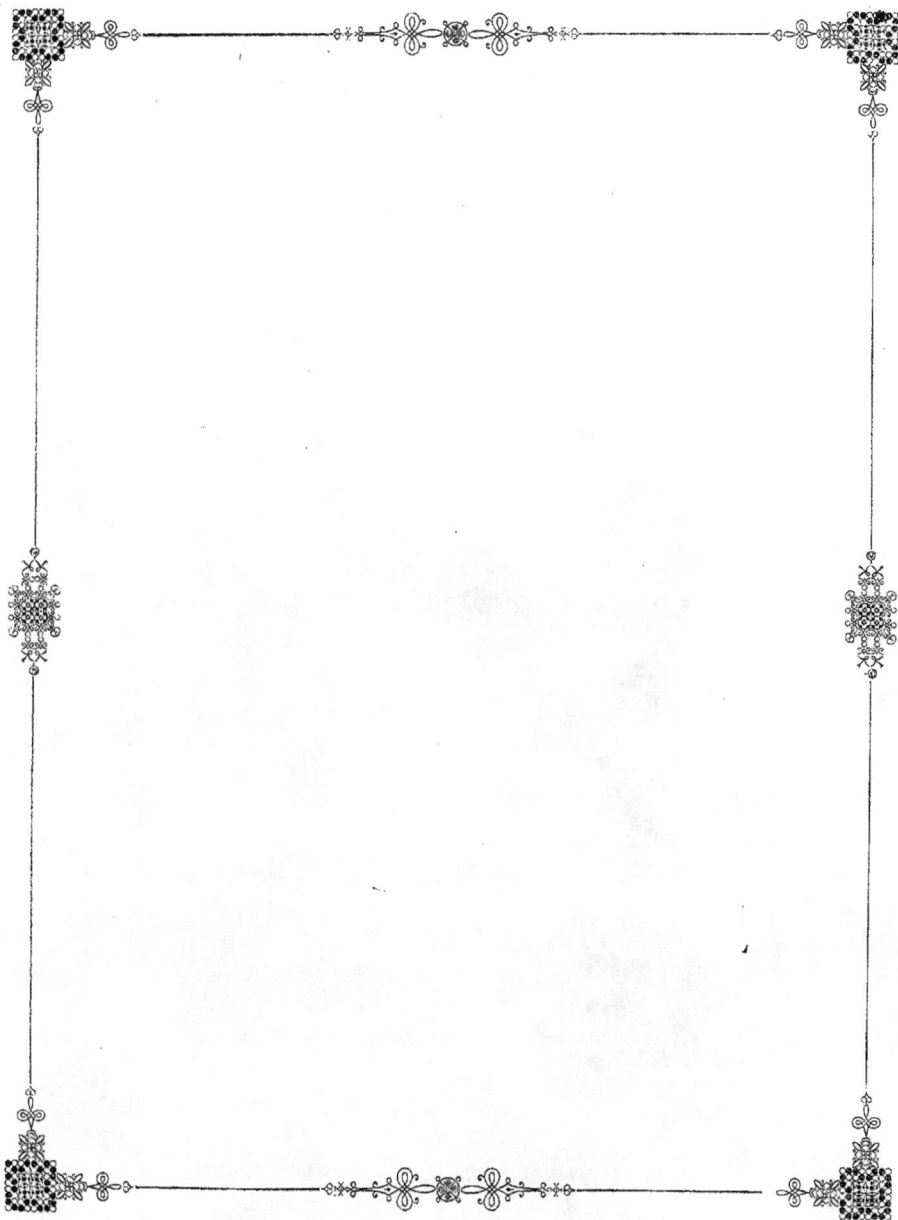

www.ingramcontent.com/pod-product-compliance
Lightning Source LLC
Chambersburg PA
CBHW071430200326
41520CB00014B/3644